24 Février 1910

Collection JEAN DOLENT

TABLEAUX
Modernes & Anciens

COLLECTION JEAN DOLENT

TABLEAUX MODERNES
ET ANCIENS

CATALOGUE

DES

TABLEAUX MODERNES

PAR

CAROLUS DURAN, FANTIN-LATOUR, GAUGUIN, LEGROS,
METTLING, RIBOT, VOLLON.

24 TABLEAUX PAR EUGÈNE CARRIÈRE

TABLEAUX ANCIENS

PAR

AVERCAMP, BOUT ET BOUDEWYNS, CRAESBEECK, ELIAS, C. DE HEEM,
HEEMSKERCK, LE MAITRE DES DEMI-FIGURES, MIEREVELT,
MOLENAER, NETSCHER, PALAMÈDES, TOURNIÈRES, ETC., ETC.

Composant la Collection

DE FEU M. F*** DIT JEAN DOLENT

& dont la Vente aux enchères publiques après décès aura lieu

HOTEL DROUOT, SALLE N° 6

Les Jeudi 24 et Vendredi 25 Février 1910, à 3 heures.

COMMISSAIRES-PRISEURS

Mᴱ F. LAIR-DUBREUIL
6, rue Favart.

Mᴱ ANDRÉ DESVOUGES
26, rue de la Grange-Batelière.

EXPERTS

Pour les Tableaux modernes :

J. & G.ᵉˢ BERNHEIM JEUNE
25, boulevard de la Madeleine ;
15, rue Richepanse ; 36, avenue de l'Opéra.

Pour les Tableaux anciens :

JULES FERAL
7, rue Saint-Georges.

EXPOSITIONS SALLES Nᵒˢ 5 et 6 :

PARTICULIÈRE : *Mardi 22 Février 1910, de 1 h. 1/2 à 6 heures.*
PUBLIQUE : *Mercredi 23 Février 1910, de 1 h. 1/2 à 6 heures.*

CONDITIONS DE LA VENTE

Elle sera faite au comptant.
Les acquéreurs paieront dix pour cent *en sus des enchères.*

ORDRE DES VACATIONS

Le Jeudi 24 Février 1910 : TABLEAUX MODERNES.
Le Vendredi 25 Février 1910 : TABLEAUX ANCIENS.

Eugène CARRIÈRE

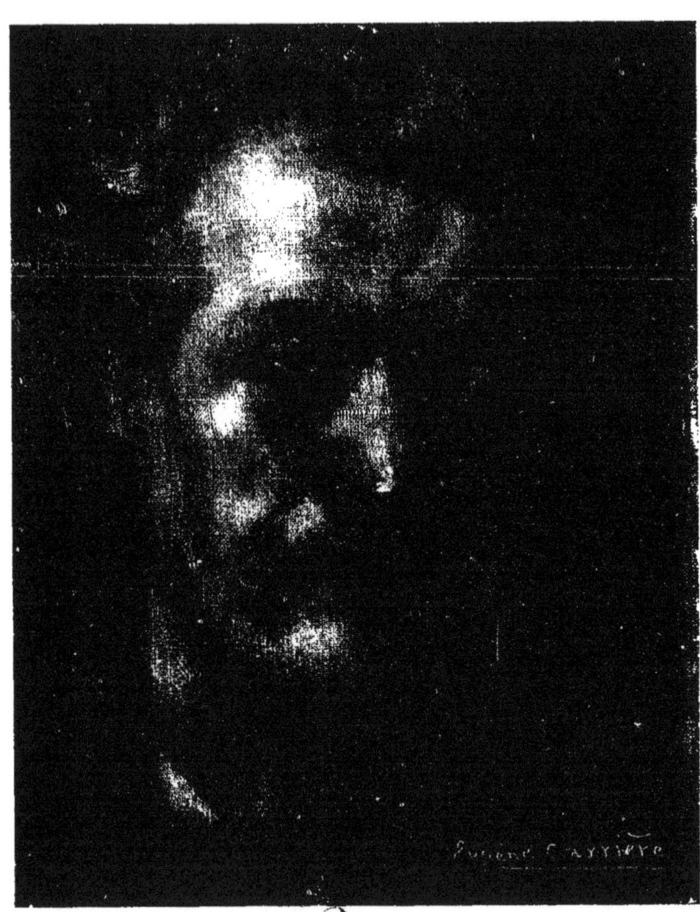

Portrait de Jean Dolent

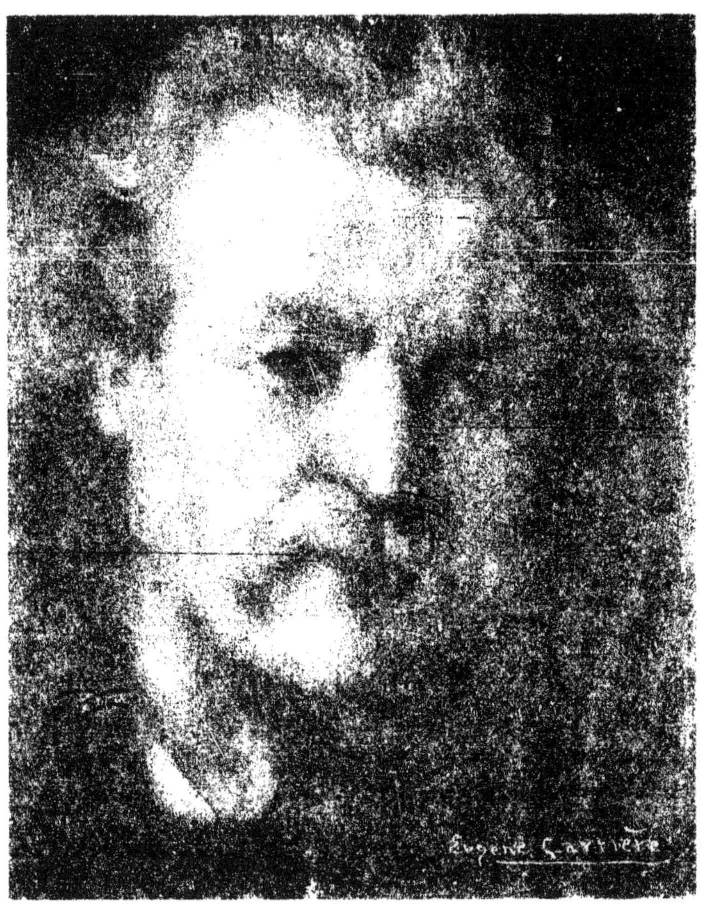
Eugène Carrière

JEAN DOLENT ! La collection de Jean Dolent ! L'une servait de fond à l'autre. On montait les voir sur les hauteurs de Belleville, on y venait de loin, de très loin, les uns en visite et certains en pèlerinage (ceux-là qui, vivant loin du bruit du boulevard, savent mieux discerner quelles sont les voix bien sonores de la littérature). On y venait voir un artiste d'exception, simple, grand, précis, bref ; un brave homme ; non pas un amateur d'art, un amoureux d'art ; non pas un homme heureux, mais un homme maître de sa joie. Il était affable, doux, accueillant et réservé. La maison de Belleville était petite, mais elle était toujours pleine d'amis, peintres et littérateurs. Depuis trente ans, tous les porte-plumes et tous les porte-pinceaux sont venus voir Dolent et sa collection. On était attiré d'abord par la couleur quasi-balzacienne de la chose, un monde de merveilles picturales amassé lentement dans une petite maison de Belleville, parmi les arbres et les jardinets.

Quand on y était venu, la couleur balzacienne s'évanouissait : on trouvait de la couleur rembranesque, du Rembrandt moderne, un homme en redingote noire au chapeau gris sur ses boucles grises, presque toujours debout, expliquant, commentant, précisant, nuançant, sur un fond de chefs-d'œuvre, sur un fond bariolé de chefs-d'œuvre amassés là comme exprès pour faire valoir cet air de sage disert, ce grand air de sage disert du maître de la maison. En regardant mieux, on voyait que ce fond était d'une couleur toute nouvelle, toute personnelle, que tout était d'accord, d'accord neuf, que propos et peinture, personnage et décor étaient d'une admirable homogénéité toute précieuse, inédite et personnelle, que tout était bien du Jean Dolent, que le collectionneur valait l'artiste et le critique (si l'on peut jeter ce gros mot de critique parmi les papillons multicolores de Jean Dolent), que tout cela était battant neuf, qu'il ne pouvait être question ni du Cousin Pons, ni du sage philosophe amsterdamois déguisé en Palestinien, mais de Jean Dolent, bourgeois de Paris, qui avait créé un genre littéraire et un genre de collection.

***

Que de peintures aux murs et, pour les voir, que de peintres ! Nous l'avons dit, la maison était petite et elle était toujours pleine d'amis et surtout d'amis peintres, grands peintres, peintres brillants mais honnêtes (on ne recevait pas les autres), peintres volontaires et gauches, tenaces dans la poursuite d'un idéal nouveau, têtus à essayer de saisir un profil neuf de l'idéal ancien (idéal : accord du caractère, de la couleur et de la ligne !).

Il y avait des peintres qui étaient là tous les dimanches, jours où la petite maison bourdonnait de camaraderie, de dialectique, de maïeutique, d'aphorismes, de traits, de récits, d'épigrammes bon enfant, sauf quelquefois celles qui venaient du dehors. Il y avait des peintres qui ne reparaissaient pas, n'ayant pas trouvé là le compliment banal ; tous en rapportaient la critique utile, excepté quand il eût fallu trop de critiques, auquel cas il n'en est point d'utile.

Il y avait des littérateurs aussi, surtout de ceux qui aiment à regarder la peinture, à en écrire parfois, plaisir moins grand que de regarder. Le maître du logis était, de tous ces littérateurs, celui qui en parlait le mieux, le plus brièvement. Il était difficile à contenter parce qu'il était juste. On est juste quand on aime l'art dont on s'occupe.

Dolent était très juste ; il savait regarder. Qu'était un tableau pour lui ? Un sentiment imprégnant un décor. Il savait au juste ce qu'il fallait demander au sentiment et au décor. Il était juste avec nuances. Il savait que tout le monde ne peut pas être Rubens ou Rembrandt, aussi il regardait avec indulgence. Jugeant en dehors de la mode, il reconnaissait les siens. Qui ça, « les siens » ? Les consciencieux. N'aimait-il que les consciencieux ? Non, il n'y a pas en art que la conscience. Il aimait les consciencieux un peu intuitifs. Il préférait ceux qui étaient très intuitifs.

Il était passionné de l'intelligence en tout ; il la reconnaissait dans un faire de peintre qui, sans l'intelligence, ne serait que faire d'artisan. Il comprenait, jaugeait, expliquait et pardonnait. Son pamphlet *le Cyclone*, où il admet qu'une tourmente, une juste tourmente, a saccagé le Luxembourg de la Tradition, de Caillebotte et de Bénédite, son pamphlet est plein de pardons. Aucun critique actuel digne de ce nom n'eût conclu à tant de pardons ; la raison, c'est que Dolent avait débuté en critique d'art dans les journaux, vers 1875, et cela lui avait appris l'indulgence, la bonne indulgence, non pas celle qui estampille affectueusement une croûte, mais celle qui reconnaît tout effort et marque un bon point, sans cris de joie, mais avec un bon sourire.

Il était juste, car il avait pris l'indépendance; il l'avait prise tout de suite, car s'il avait commencé en 1875 à écrire des articles de critique d'art dans les journaux, il y avait renoncé en 1876. L'indépendance n'y était pas franchement applicable; oui, déjà en 1876! Et peut-être en 1875 n'avait-on pas encore osé lui appliquer tout de suite les habitudes. On mit au moins un an à lui demander de dire que le bâtard de l'apothicaire de l'ami influent était Raphaël ou Véronèse. Quelle belle époque! Depuis 1876, Dolent faisait de la critique d'art par aphorismes et opuscules; il en faisait aussi expérimentalement, en collectionneur.

***

Il y a mille façons de collectionner, il y a Chauchard, Sauvageot, Goncourt, il y avait aussi Dolent! Quel critérium? son goût! Il dit d'un tableau de Jeanniot: « Je ne sais pas pourquoi c'est si bien, mais que c'est bien! » (phrase qui est peut-être le type de la bonne phrase de critique d'art). Il n'achetait pas tout ce qu'il aimait, mais ce qu'il préférait parmi les choses passionnément aimées. Il prenait à l'atelier, à la vitrine. Il suivait un peintre, il finit par se spécialiser dans cette manière; il fut l'amateur dévoué et clairvoyant de Carrière; mais, avant d'en venir à cette spécialisation, il avait pris le chemin buissonnier du fureteur. Il y avait trouvé des Millets, des Corots, des Courbets, un Ingres — un Ingres peint par lui-même, avec toutes les qualités du peintre sans ses défauts. Le goût de Dolent fait que sa collection regorge de ces choses curieuses qui sont non seulement belles, mais importantes pour l'art, parce qu'elles dénotent bien un moment de l'histoire de l'art, un état de l'âme du peintre; aussi son goût lui a fait souvent décrocher dans l'atelier la pochade admirable, la minute heureuse, eût dit

Baudelaire (et par minute entendons séance). Il y avait aux murs de Jean Dolent des pages qui ont été enlevées rapidement dans une heure de fièvre, de génie, de surgénie, une de ces heures magnifiques où l'homme a vaincu la pesanteur, et au bas de ces pages des noms glorieux, les plus glorieux. Je me trompe : sur l'Ingres qui réalise ces belles conditions d'origine, la signature manque, la signature nominative. Elle n'ajouterait rien : la vraie signature éclate partout. C'est un portrait d'Ingres, dont Ingres fit cadeau à un vieux modèle qu'il employait. Il a voulu que le souvenir fût beau, aussi l'art l'a récompensé. Il n'a rien fait de plus expressif.

Les musées se disputeront le *Verlaine* de Carrière. On n'a pas toujours ce bel accord de noms pour un beau portrait. La belle résurrection du Pauvre Lélian, en un tableau synthétique qui donne tout l'art du poète, sa fièvre, son émotion, sa candeur de saint François d'Assise et aussi sa malice, ce tableau restera parmi les plus beaux de Carrière et les plus curieux d'un musée. A travers les légendes de la vie, il servira à fixer le caractère vrai de Verlaine, et il restera toujours frais et jeune puisqu'il y a des légendes. C'est là de l'impérissable.

Cette préface veut dire surtout, quel fut le caractère de Dolent collectionneur, combien il rechercha avec amour les jolies choses sans se soucier de la signature, comment il sut choisir parmi l'œuvre de jeunes amis, au moment d'un beau départ, les pages les plus caractéristiques (soit ses admirables Fantins, son Legros) ; comment il sauva de l'oubli des petites toiles qui trouveront leur rang. Cette collection, qui dit son goût pour Carrière, représenté par vingt chefs-d'œuvre, contient d'admirables vieux tableaux hollandais, espagnols ; un Molenaer le vieux resplendit dans l'œuvre du peintre. Un admirable triptyque de maître inconnu dit toutes les douleurs de la Passion avec une admirable éloquence. Autour des beaux tableaux, un cortège de nombreux dessins, tous curieux, tous rares, tous indiquant un choix judicieux, artiste.

La collection est admirable et complexe ; les œuvres signées de grands noms y sont dignes de ces grands noms et de la meilleure époque des artistes, et autour des grandes allées de la collection quels jolis chemins buissonniers pleins de jolis arbustes, de belles fleurs, — autrement dit que d'esquisses, d'indications, d'ébauches curieuses et rares qui retiendront toute l'attention des amateurs d'art, tandis que les collectionneurs se disputeront les cinquante grandes œuvres de premier ordre qui mettent cette collection d'artiste au niveau des plus riches et des plus vastes que les grands ramasseurs de pépites aient pu faire grouper auprès d'eux par les soins empressés de mille rabatteurs, et, disons-le bien net, souvent le bon chasseur isolé que fut Dolent fut plus heureux dans sa chasse que les équipes les mieux organisées pour la battue des œuvres d'art. Il n'y eut jamais chez lui d'œuvre trop apprivoisée.

GUSTAVE KAHN.

TABLEAUX MODERNES

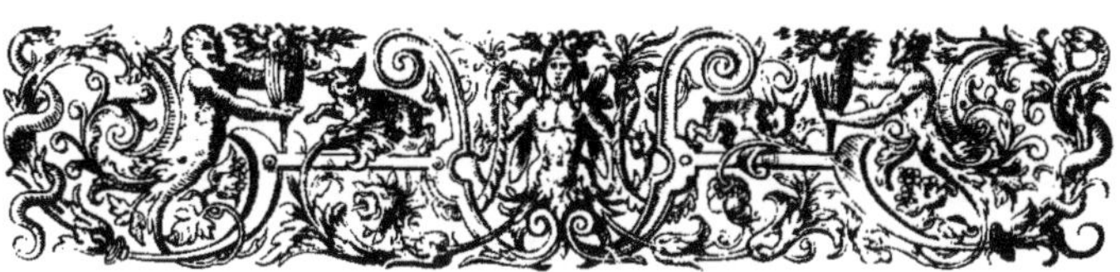

TABLEAUX MODERNES

CAROLUS-DURAN

1. — Le Pape Innocent X.

D'après Vélazquez (Rome, 1864).

Toile. — Haut., 32 cent.; larg., 26 cent.

CARRIÈRE
(EUGÈNE)

2. — En hiver.

Signé en bas, à gauche.

Toile. — Haut., 22 cent. 1/2; larg., 35 cent.

CARRIÈRE
(EUGÈNE)

3. — Portrait d'homme, de profil.

Toile. — Haut., 34 cent. 1/2; larg., 27 cent. 1/2.

CARRIÈRE
(EUGÈNE)

4. — L'allaitement.

L'enfant, coiffé d'un bonnet blanc, est couché. Il tette goulûment le sein gonflé de lait que lui offre sa jeune mère. Celle-ci est déjà marquée par la misère et la souffrance.

Signé en haut, à gauche.

Toile. — Haut., 32 cent. 1/2 ; larg., 41 cent.

CARRIÈRE
(EUGÈNE)

5. — Femme nue couchée.

Elle dort, sur son lit, le bras gauche rejeté en arrière, la tête, légèrement tournée, posée sur l'oreiller. La jambe gauche est pliée. Un chat est couché à ses pieds. Les jambes sont fortement éclairées, tandis que la partie supérieure du corps est dans l'ombre.

Signé en bas, à droite.

Toile. — Haut., 59 cent. ; larg., 73 cent.

CARRIÈRE
(EUGÈNE)

6. — Pot blanc et bouteille.

Un pot de porcelaine blanche avec une bouteille, à gauche.

Signé E. C., en haut, à droite.

Carton. — Haut., 16 cent ; larg., 24 cent.

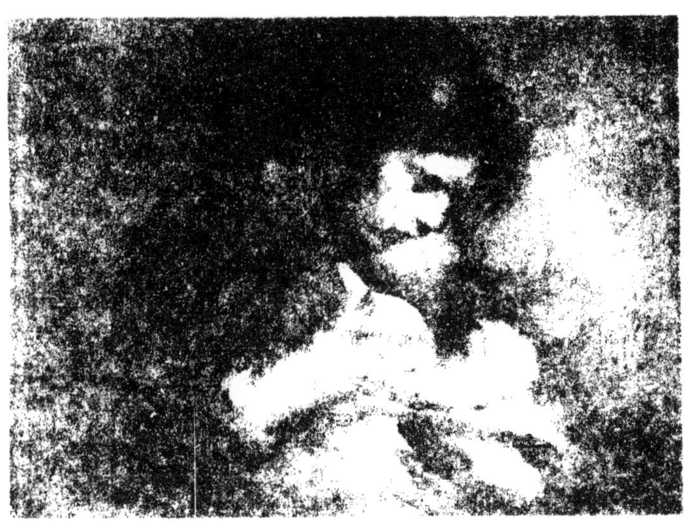

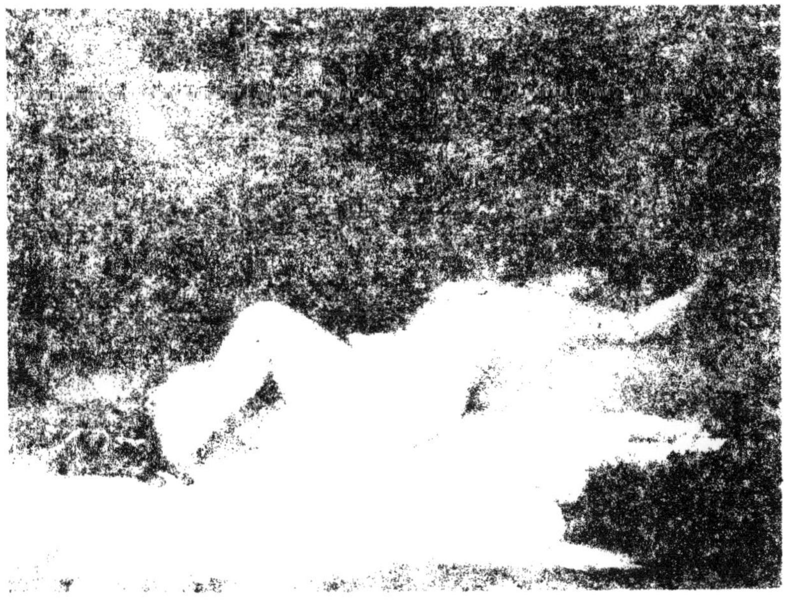

Eugene Carrière

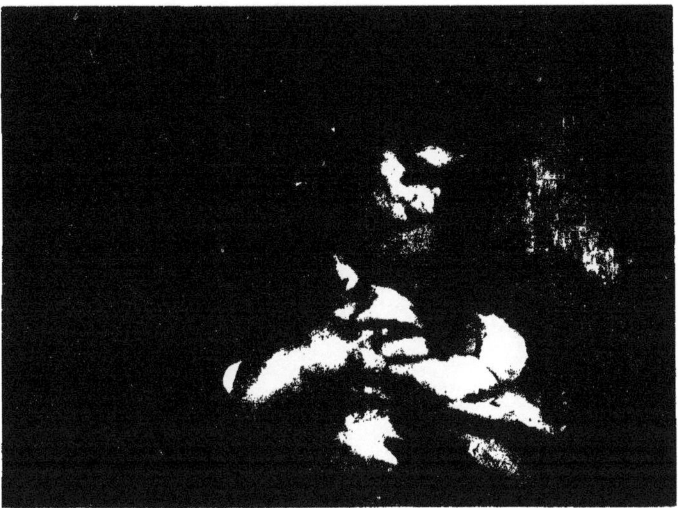

Procédé Bernheim Jeune

N° 2. Maternité

4 500

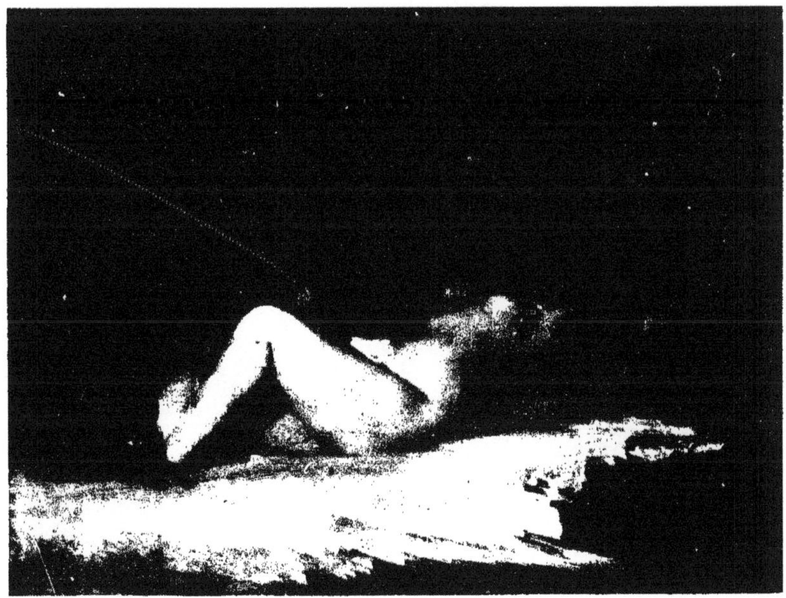

Procédé Bernheim Jeune

N° 3. Femme nue couchée

5.600

CARRIÈRE
(EUGÈNE)

7. — Chat mangeant.

A droite, un chat mangeant un morceau de mou, qu'il tient dans ses pattes. Sur le sol, plusieurs morceaux de mou et une écuelle, dans le fond.

Carton. — Haut., 16 cent. ; larg., 23 cent.

CARRIÈRE
(EUGÈNE)

8. — Mère et enfant.

Elle est assise et tient son enfant dans ses bras.

Signé E. C., en haut, à gauche.

Carton. — Haut., 13 cent. ; larg., 9 cent.

CARRIÈRE
(EUGÈNE)

9. — Saint-Quay

Un paysage boisé, avec une usine et un haut-fourneau.

Daté 1893. — Signé en bas, à droite.

Toile. — Haut., 32 cent. 1/2 ; larg., 40 cent.

CARRIÈRE
(EUGÈNE)

10. — Henriette endormie.

Henriette — une des filles du peintre — est vue de face, la tête légèrement inclinée vers la droite.

Signé en bas, à droite.

Bois. — Haut., 23 cent. ; larg., 17 cent.

CARRIÈRE
(EUGÈNE)

11. — Portrait de Verlaine.

Ce tableau a un double intérêt. C'est le plus exact et le plus évocateur portrait de Verlaine que l'on connaisse et c'est, probablement, le chef-d'œuvre de Carrière. Le poète est représenté la tête penchée. Le front, sillonné de rides, semble encore plus grand par la calvitie qui le prolonge. Les sourcils en broussaille surmontent des yeux noirs, enfoncés. Le visage, aux os saillants, est encadré d'une longue barbe blonde. De fortes moustaches cachent la bouche. Peinture à relief sculptural.

Dédicace : Au poète Verlaine. — *Signé en bas, à gauche.*

Toile. — Haut., 61 cent. ; larg., 50 cent.

CARRIÈRE
(EUGÈNE)

12. — Portrait d'enfant.

La fillette garde bien la pose, mais la fixité du regard et la raideur du visage dénotent l'inquiétude et la curiosité. Une large bavette lui couvre le cou et la poitrine. Des manches de la robe grise sortent des bras potelés. Les mains sont posées l'une sur l'autre.

Daté 1884. — *Signé en bas, à gauche.*

Toile. — Haut., 32 cent. 1/2 ; larg., 24 cent. 1/2.

CARRIÈRE
(EUGÈNE)

13. — La petite Jeanne, vue de profil.

Les cheveux blonds, retenus par un ruban bleu. Elle aussi, paraît très sérieuse. Mais son regard brillant, malicieux, et la fossette qui se dessine au coin de sa bouche, indiquent son envie de sourire.

Signé en bas, à droite.

Toile. — Haut., 32 cent. 1/2 ; larg., 24 cent. 1/2.

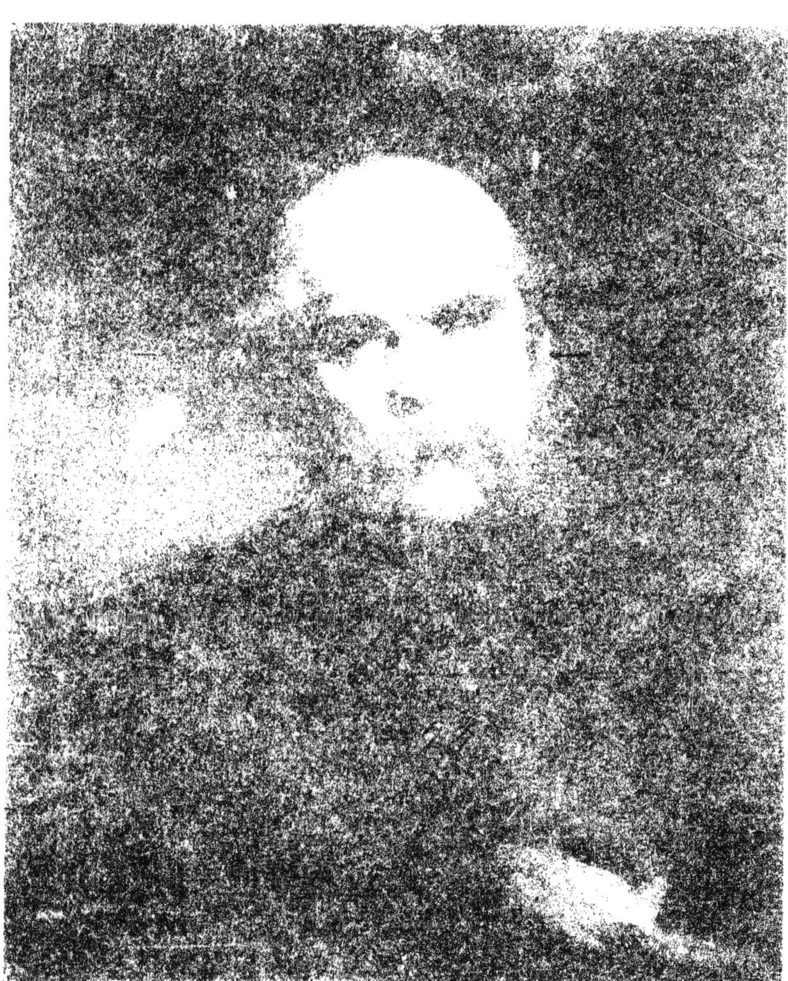

Eugène Carrière

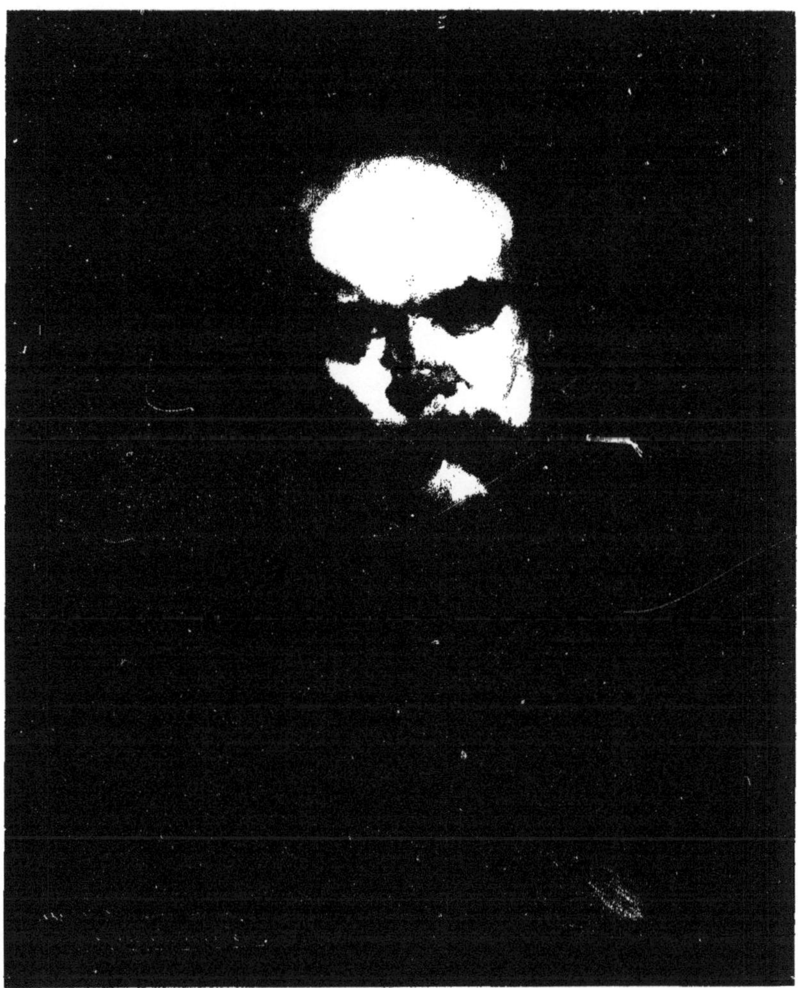

Cliché Bernheim Jeune

N° 11. Portrait de Paul Verlaine

25 000

CARRIÈRE
(EUGÈNE)

14. — Élise, riant.

Son rire anime gentiment ses yeux. La bouche, légèrement ouverte, laisse voir la double rangée de ses petites dents. Un ruban de tulle lui entoure le cou. Elle a ses boucles d'oreilles.

Signé en bas, à droite.

Toile. — Haut., 32 cent. ; larg., 24 cent.1 2.

CARRIÈRE
(EUGÈNE)

15. — Femme cousant.

Elle est assise près d'une table sur laquelle est posé le linge qu'elle raccommode. Une petite fenêtre laisse filtrer une lumière douce. La main, nerveuse, indique le mouvement de l'aiguille. Le dos voûté et la tête penchée témoignent de l'habitude de ce travail. Un vase de fleurs, placé sur la table, égaie cet intérieur.

Toile. — Haut., 24 cent. ; larg., 32 cent.

CARRIÈRE
(EUGÈNE)

16. — Femme nue assise.

Vue de dos, la tête légèrement tournée, elle tient une écharpe qui lui masque le bas des reins. Les cheveux sont relevés en torsades, le bras gauche est plié, tandis que le bras droit est étendu. C'est un fort beau morceau de nu, aux chairs laiteuses et transparentes, avec des taches d'ombre, joliment disposées, qui indiquent les muscles et la saillie des os.

Signé en bas, à droite.

Toile. — Haut., 40 cent. 1 2 ; larg., 32 cent.

CARRIÈRE
(EUGÈNE)

17. — Portrait de Jean Dolent et de sa fille.

Jean Dolent est assis, dans son salon, près d'une table sur laquelle il s'accoude. Sa fille, habillée de blanc, avec une ceinture rose, les bras nus, des boucles blondes encadrant son visage, se tient debout, près de lui. Elle regarde, en souriant, un chien blanc couché aux pieds de la table. Dans le fond, une cheminée, ornée de nombreuses photographies et surmontée d'une glace.

Daté 1888. — Signé en haut, à droite.

Toile. — Haut., 82 cent. ; larg., 100 cent.

CARRIÈRE
(EUGÈNE)

18. — L'accouchée.

La jeune mère est couchée, la poitrine découverte, allaitant son enfant qu'elle tient dans son bras droit. La tête, soulevée de l'oreiller, penchée vers l'enfant, porte encore les traces des souffrances de l'accouchement.

Signé en bas, à droite.

Toile. — Haut., 32 cent. ; larg., 41 cent.

CARRIÈRE
(EUGÈNE)

19. — Tête d'enfant.

Cette enfant a été peinte avec toute la tendresse de Carrière. Elle est fort sage et la boursouflure de ses joues rosées cache, en partie, ses yeux très expressifs. Une mèche blonde agrémente son front, tandis que des boucles lui encadrent le visage. Une serviette blanche lui sert de bavette.

Dédicace « A mon ami Jean Dolent ».

Daté 1886. — Signé en bas, à droite.

Toile. — Haut., 41 cent. ; larg., 33 cent.

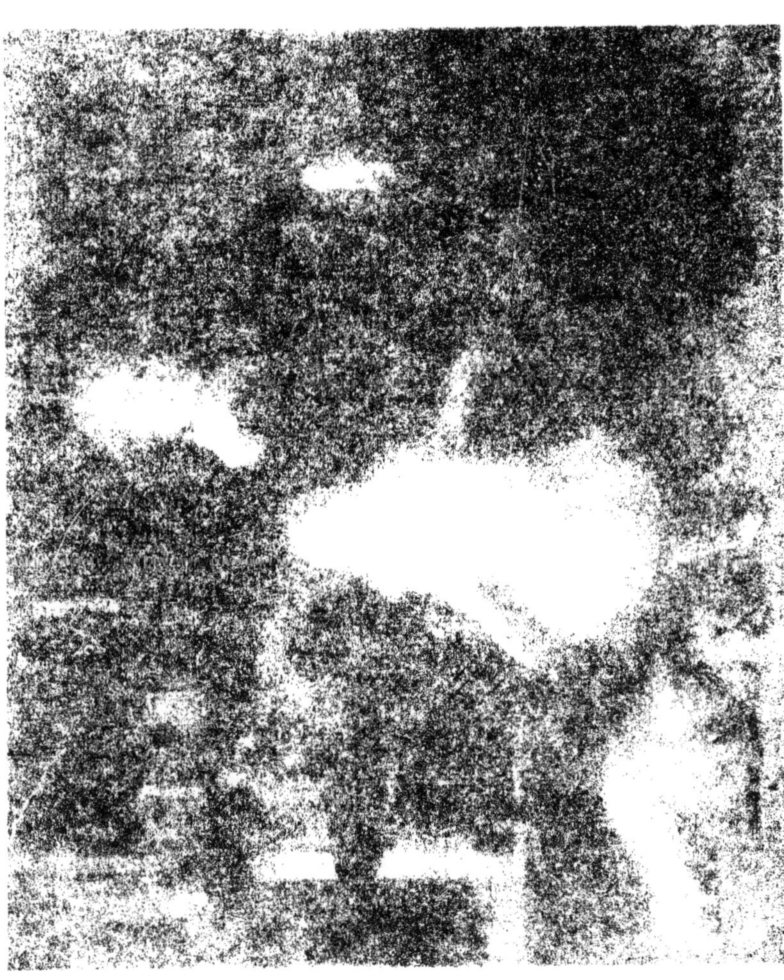

Eugène Carrière

N° 17 Portrait de Jean Dolent et de sa fille

CARRIÈRE
(EUGÈNE)

20. — Femme nue.

Elle est vue de dos, à mi-corps, la tête penchée vers la gauche. Le bras droit, plié, soulève jusqu'au sein l'étoffe sur laquelle elle est assise.

Signé en bas, à droite.

Toile. — Haut., 51 cent. ; larg., 40 cent.

CARRIÈRE
(EUGÈNE)

21. — Enfant à l'assiette.

L'enfant, placé à gauche, soulève de ses mains potelées une assiette de porcelaine blanche. Les yeux sont fixes, la tête s'incline, les lèvres s'avancent et l'on devine la langue qui voudrait bien lécher un reste de confiture.

Signé en haut, à droite.

Toile. — Haut., 37 cent. ; larg., 46 cent.

CARRIÈRE
(EUGÈNE)

22. — Élise, lisant.

Élise — une autre fille du peintre — est assise devant une table sur laquelle est posé un grand livre que sa main droite maintient ouvert. Sur la table, on remarque un vase de cristal où trempent des fleurs et un livre à la tranche rouge. Les yeux, déjà expressifs, sont encore animés par la lecture. Les boucles blondes, encadrant le visage, en font ressortir la pâleur.

Signé en haut, à droite.

Toile. — Haut., 25 cent. ; larg., 32 cent.

CARRIÈRE

(EUGÈNE)

23. — Le sculpteur.

Une jeune artiste, de sa main droite, façonne une tête placée sur un socle, tandis que sa main gauche est remplie de terre glaise. Son regard se fixe sur son modèle, une jeune fille assise en face d'elle, les mains posées sur ses genoux. Sur le front de l'artiste, on lit le désir, difficile à satisfaire, de saisir le trait saillant du modèle.

Daté 1904. Signé en bas, à gauche.

Toile. — **Haut., 131 cent.; larg., 97 cent.**

CARRIÈRE

(EUGÈNE)

24. Portrait de l'artiste.

Il s'est représenté de face. L'expression de volonté, qu'il a voulu se donner, est démentie par le regard si doux et la bouche pleine de bonté.

Daté 1887. Signé en bas, à gauche.

Toile. — **Haut., 40 cent.; larg., 32 cent.**

CARRIÈRE

(EUGÈNE)

25. Portrait de la femme de l'artiste.

Celle qui fut si souvent le modèle de Carrière a la tête appuyée sur le bras droit, la main droite jointe à la gauche. Les cheveux dénoués encadrent le visage, aux traits fortement indiqués. Les yeux sont empreints de mélancolie. La manche de son corsage se termine par un petit dépassant blanc.

Signé en bas, à droite.

Toile. — **Haut., 41 cent.; larg., 38 cent.**

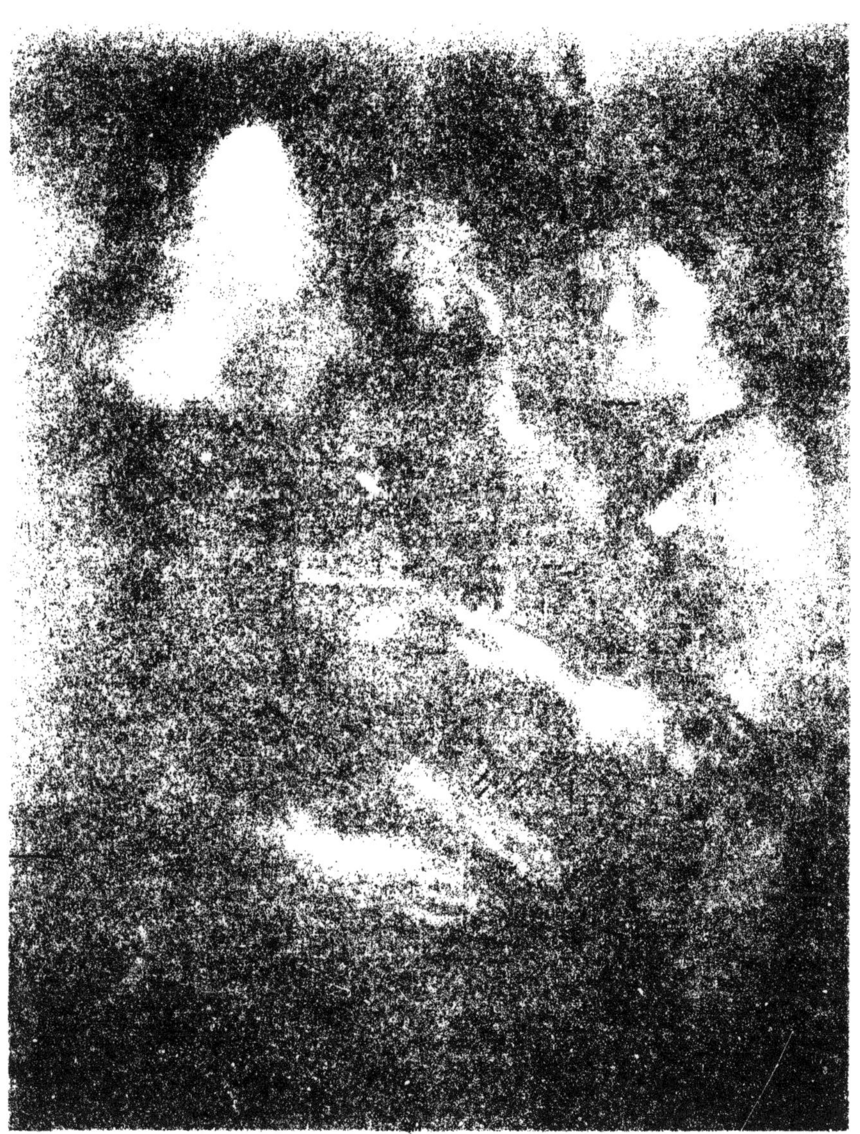

Eugène Carrière

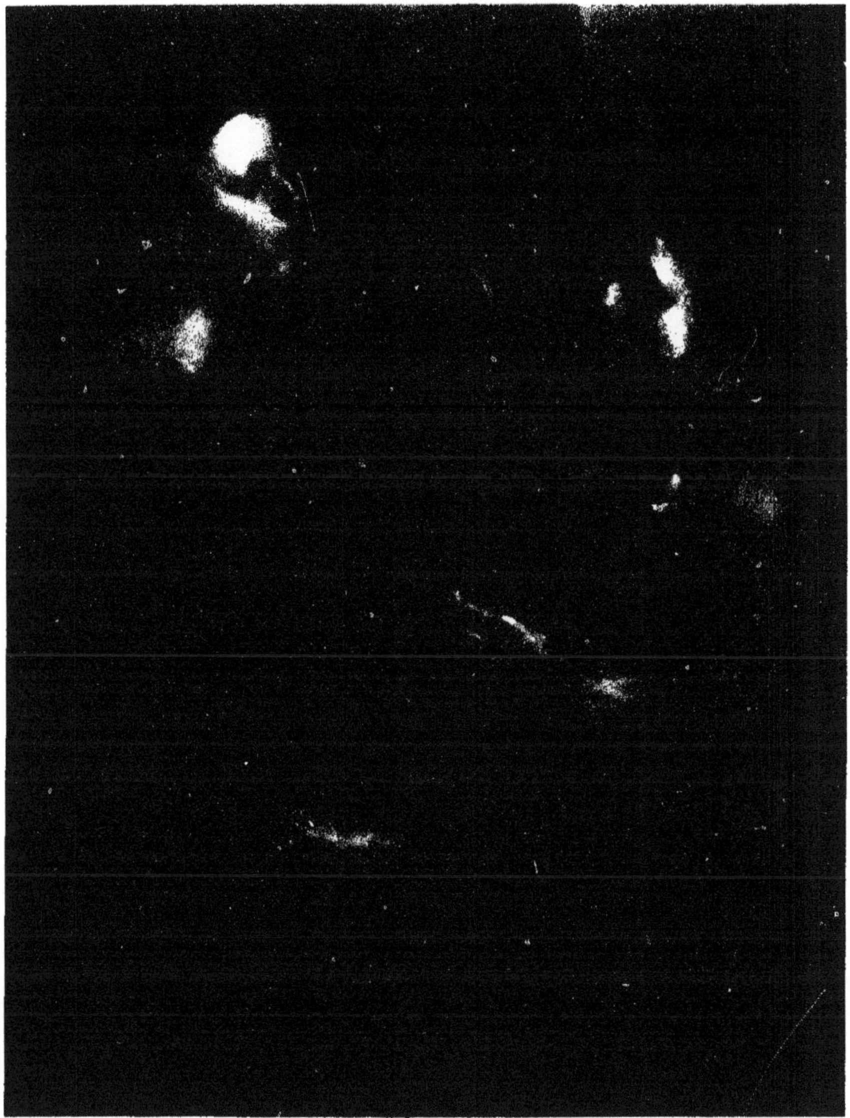

Procédé Bernheim Jeune

N° 23 – Le Sculpteur

7100

FANTIN-LATOUR

26. — Jeune fille au piano.

Le modèle, — une des sœurs de l'artiste, — en corsage décolleté avec des roses dans les cheveux, étudie une partition.

Toile. — Haut., 31 cent. ; larg., 21 cent.

A figuré à l'Exposition Fantin-Latour. Palais des Beaux-Arts 1906.

FANTIN-LATOUR

27. — Othello et Desdémone.

Accoudé à une colonne, Othello est en costume jaune et rouge. Desdémone, robe rouge et manteau vert rejeté en arrière, est assise en face de lui.

Signé en bas, à gauche.

Toile. — Haut., 22 cent. ; larg., 27 cent.

FANTIN-LATOUR

28. — Brodeuse.

C'est encore une des sœurs de l'artiste qui a posé pour ce tableau. Assise devant son métier, sa main gauche tire les fils en dessous, tandis que sa main droite est posée sur la broderie.

Signé en bas, à droite.

Bois. — Haut., 24 cent. ; larg., 20 cent.

A figuré à l'Exposition Fantin-Latour. Palais des Beaux-Arts 1906.

FANTIN-LATOUR

29. — Avenue de Saint-Cloud.

Une allée gazonnée, bordée de grands arbres aux feuilles jaunies.

Daté 55. — Signé en bas, à droite.

Bois. — Haut., 35 cent. ; larg., 26 cent.

A figuré à l'Exposition Fantin-Latour. Palais des Beaux-Arts 1906.

FANTIN-LATOUR

30. — La table de toilette.

Sur la table de marbre se trouvent les quelques ustensiles de toilette de la chambre de Fantin, jeune homme. Au premier plan, le pot à eau de porcelaine commune, recouvert d'une serviette. En arrière, une brosse à dents dans un verre, et des flacons. A gauche, une éponge dans un verre de cristal. Au fond, une petit glace mobile, entourée d'acajou.

Date 59. — Signé en bas, à droite.

Carton. — Haut., 37 cent. ; larg., 28 cent.

A figuré à l'Exposition Fantin-Latour. Palais des Beaux-Arts 1906.

FANTIN-LATOUR

31. — Les Troyens.

Une déclaration d'amour, inspirée par l'opéra de Berlioz. Dans un parc, au bord d'un lac, où se mire la lune, une femme est assise. Un homme, habillé de rouge, est à ses pieds.

Signé en bas, à droite.

Toile. — Haut., 25 cent. ; larg., 33 cent.

FANTIN-LATOUR

32. — Portrait de l'artiste.

Il s'est peint, de face, un foulard gris noué autour du cou, les cheveux en broussaille.

Daté 1860. — Signé à gauche, en travers.

Toile. — Haut., 34 cent. ; larg., 27 cent.

A figuré à l'Exposition Fantin-Latour. Palais des Beaux-Arts 1906.

FANTIN-LATOUR

33. — Lohengrin.

C'est la scène de la danse, prétexte pour l'artiste à un joli déploiement de couleurs.

Signé en bas, à droite.

Toile. — Haut., 36 cent. ; larg., 40 cent.

FANTIN-LATOUR

34. — Fleurs.

Sur un fond noir, des pivoines, des crêtes-de-coq, des marguerites jettent des notes bariolées.

Daté 54. — Signé en bas, à droite.

Toile. — Haut., 46 cent. ; larg., 41 cent.

GAUGUIN

35. — Tahiti. Parau Hanohano.

Des personnages, assis en cercle, sont engagés dans une conversation animée. Deux autres, se tiennent debout à gauche.

Signé en bas, à droite.

Toile. — Haut., 44 cent. ; larg., 33 cent.

LEGROS

36. — Portrait d'homme.

C'est un jeune homme — un artiste — en chemise de flanelle, ouverte sur la poitrine, avec une cravate négligemment nouée.

Toile. — Haut., 44 cent. ; larg., 41 cent.

LEGROS

37. — Cavaliers devant une auberge.

Deux cavaliers sont arrêtés devant la porte d'une auberge, laissant boire leurs chevaux dans une auge que l'hôtelier remplit à grands seaux d'eau.

Signé en bas, à gauche.

Bois. — Haut., 35 cent. ; larg., 55 cent.

METTLING
(LOUIS)

38. — En hiver.

A gauche, devant le perron d'une maison couverte de neige, se tiennent plusieurs femmes. A droite, un fiacre est arrêté.

Signé en bas, à droite.

Bois. — Haut., 26 cent. ; larg., 36 cent.

METTLING
(LOUIS)

39. — Paysanne cousant.

Une paysanne, en tablier bleu, châle et petit bonnet blancs, assise près d'une table, est en train de coudre. Un grand panier d'osier est posé à ses côtés. Dans le fond, à droite, une petite fenêtre.

Signé en bas, à gauche.

Bois. — Haut., 40 cent. ; larg., 23 cent.

METTLING
(LOUIS)

40. — Bretonne.

Adossée à un arbre, devant un fond de verdure, elle est vêtue d'une jupe courte, d'un tablier bleu avec un mouchoir rouge qui sort d'une des poches. Un châle est croisé sur son corsage. Un foulard lui entoure la tête. Elle a les yeux fixés sur une fleur qu'elle est en train d'effeuiller.

Au verso du panneau, une esquisse de jeune pêcheur.

Signé en bas, à gauche.

Bois. — Haut., 40 cent. ; larg., 23 cent.

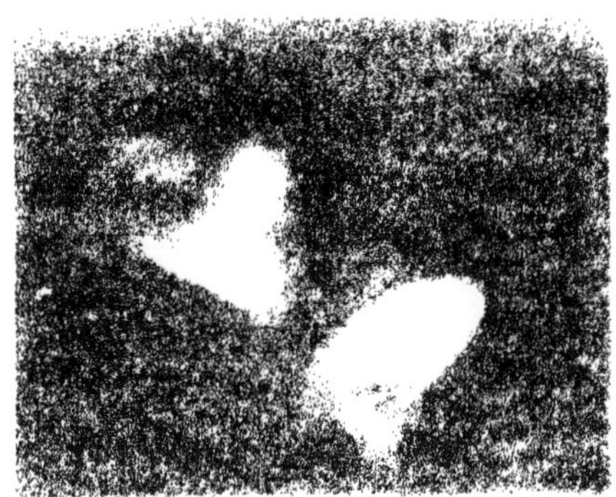

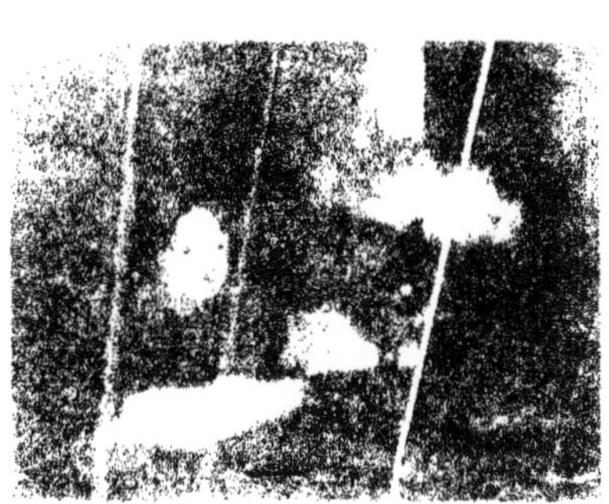

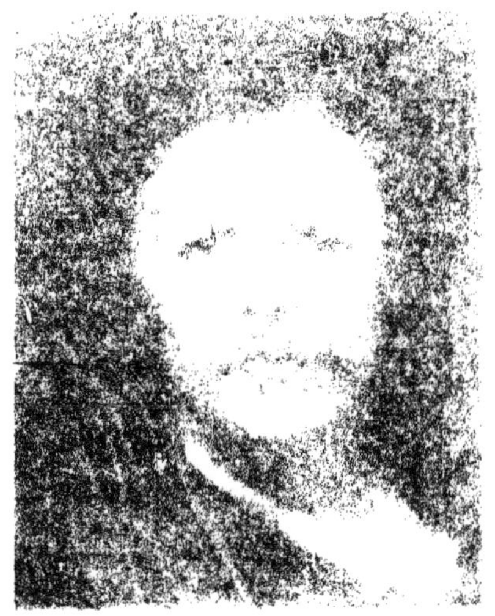

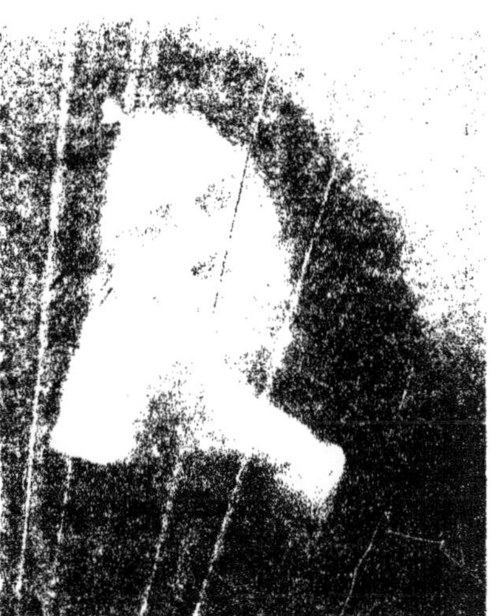

Eugène Carrière

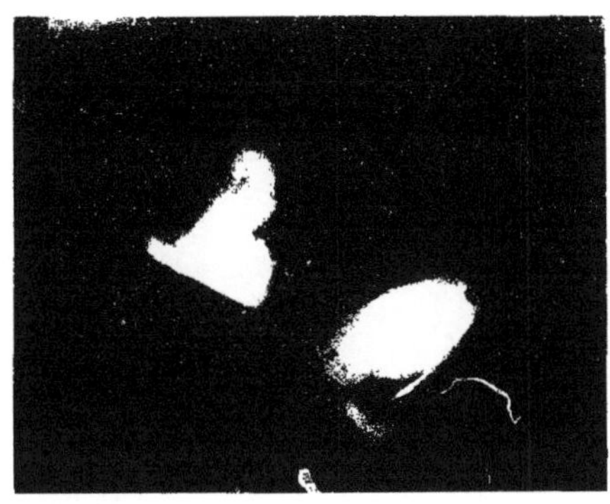

N° 21 _ L'enfant à l'assiette

5 600

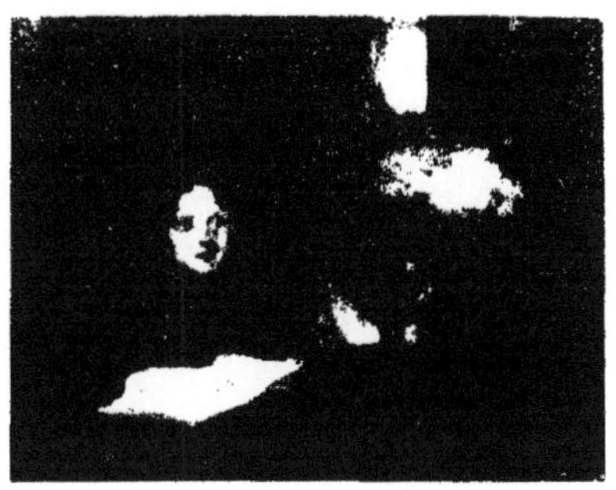

N° 22 _ Élise lisant

3 150

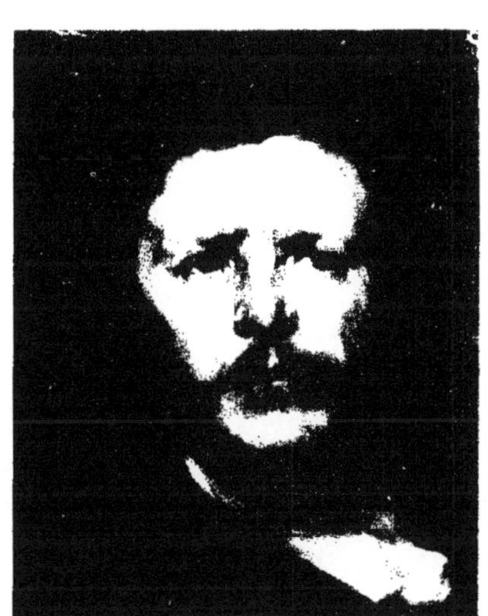

Procédé Bernheim Jeune

N° 24 _ Portrait de l'artiste

6.100

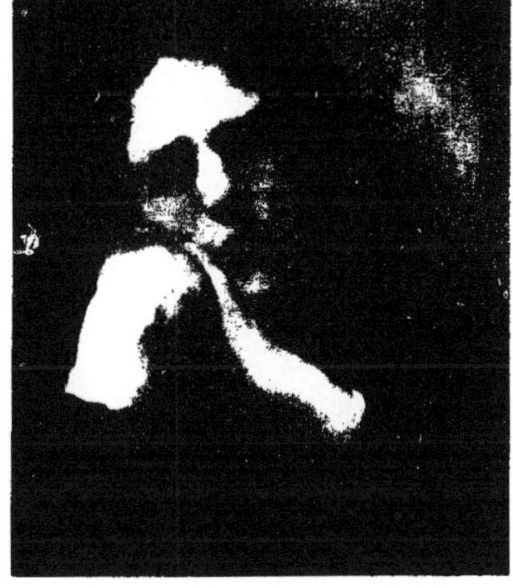

N° 25 _ Portrait
de la femme de l'artiste

3000

METTLING

(LOUIS)

41. — Paysanne mangeant la soupe.

Assise sur un banc rustique, une large écuelle posée sur ses genoux, elle mange la soupe. A ses côtés, sur le sol, un grand plat et une cruche.

Daté 83. — Signé en bas, à gauche.

Bois. — Haut., 40 cent. ; larg., 23 cent.

METTLING

(LOUIS)

42. — Bretonne dans la campagne.

Son costume se compose d'une jupe courte, d'un tablier bleu et d'une chemise de toile grossière qui diminue l'échancrure du corsage. Le poing droit sur la hanche, elle s'appuie à un arbre tordu. Les cheveux sont couverts par un bonnet noir bordé de blanc.

Signé en bas, à droite.

Bois. — Haut., 40 cent. ; larg., 23 cent.

RIBOT

(TH.)

43. Coin de cave.

Un petit morceau de bougie est posé sur un entonnoir renversé. Par terre, des bouchons de différentes grandeurs.

Signé en bas, à droite.

Bois. — Haut., 37 cent. ; larg., 46 cent.

VOLLON

44. — Nature morte.

Trois pêches posées sur un tapis rouge.

Toile. — Haut., 31 cent. ; larg., 24 cent.

TABLEAUX ANCIENS

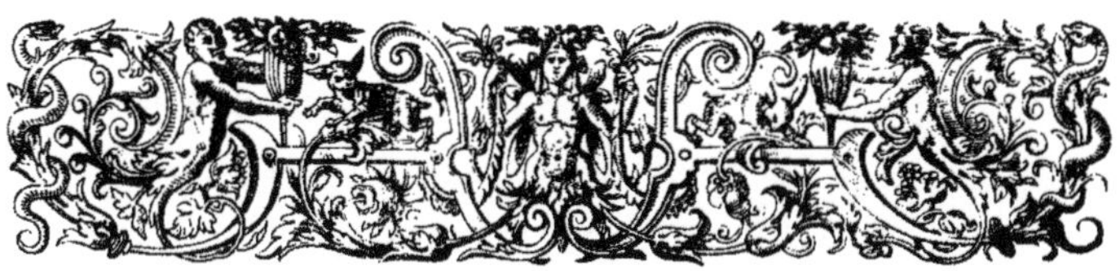

TABLEAUX ANCIENS

AVERCAMP

(HENDRICK)

Amsterdam, 1585 1663.

45. — L'hiver en Hollande.

Des patineurs et d'autres personnages animent une rivière gelée traversée au centre par un pont de bois.

Bois. — Haut.. 78 cent. ; larg., 110 cent.

BALEN

(École de JEAN VAN)

46. — Une fête champêtre.

Bois. — Haut.. 74 cent. ; larg.. 108 cent.

BASAÏTI

(Attribué à MARCO)

47. — Saint Jean-Baptiste.

Assis sur un rocher, il remplit une coupe sous le jet d'eau d'une source.

Bois. — Haut., 42 cent. ; larg.. 30 cent.

BOUT et BOUDEWYNS

(PIERRE) (ADRIEN-FRANÇOIS)

Bruxelles, 1658-1702. Bruxelles, 1644-17.. ?

48. — Un marché dans un port de mer.

De nombreuses petites figures animent une place publique.

Toile. — Haut., 30 cent. ; larg., 42 cent.

BOUT et BOUDEWYNS

(PIERRE) (ADRIEN-FRANÇOIS)

49. — Une place de village.

Des dames et des gentilshommes regardent des villageois déchargeant leurs charrettes.

Dans le fond, un canal en perspective.

Toile. — Haut., 30 cent. ; larg., 40 cent.

BRUEGHEL

(Attribué à PIERRE)

50. — Une kermesse.

Une foule de personnages s'agitent au bord d'un cours d'eau traversant un village. A droite, un marchand ambulant assis au pied d'un arbre est entouré de commères. Au centre, un bouffon tenant un cerceau est escorté de gamins. A gauche, les paysans dansent sous les arbres.

Toile. — Haut., 84 cent. ; larg., 33 cent.

CRAESBEECK

(JOSSE VAN)

Neerlinter, 1608?-1662.

51. — Rixe dans un cellier.

Bois. — Haut., 47 cent. ; larg., 64 cent.

DIETRICH

(CHRÉTIEN-GUILLAUME)

Weimar, 1752-1774.

52 — L'alchimiste.

Assis devant une table, il porte une fourrure sur sa veste jaune.

Toile. — Haut., 26 cent. ; larg., 28 cent.

DOES

(SIMON VAN DER)

Amsterdam, 1653-1717.

53. — Moutons au pâturage.

Au centre, une bergère trait une brebis.

Bois. — Haut., 48 cent. ; larg., 56 cent.

ELIAS

(NICOLAS)

Amsterdam, 1590-1650?

54. — Portrait d'un gentilhomme.

Vu à mi-corps, tourné de trois quarts vers la droite, les cheveux bruns, la barbe châtain en pointe sur une fraise de guipure, il porte un pourpoint de soie noire brochée.

On lit à gauche: Aet. 51. Anno 1625.

Bois. — Haut., 67 cent. ; larg., 55 cent.

FERG

(FRANÇOIS DE PAULE DE)
Vienne, 1689-1740.

55. — Villageois près d'une tour en ruine.

Bois de forme ronde. — Diam., 25 cent.

HALS

(Attribué à DIRCK)

56. — La partie de musique.

Des dames et des gentilshommes en brillants costumes, sont réunis dans un intérieur, causant, buvant ou jouant de divers instruments.

Bois. — Haut., 37 cent.; larg., 43 cent.

HEEM

(CORNEILLE DE)
Utrecht, 1630- ?
(Deux pendants.)

57-58 — Fruits et crustacés.

Toiles. — Haut., 52 cent.; larg., 66 cent.

HEEMSKERCK

(EGBERT VAN)
Haarlem, 1610-1680.

59. — Le tribunal de village.

Importante composition signée à droite en toutes lettres.

Toile. — Haut., 76 cent.; larg., 89 cent.

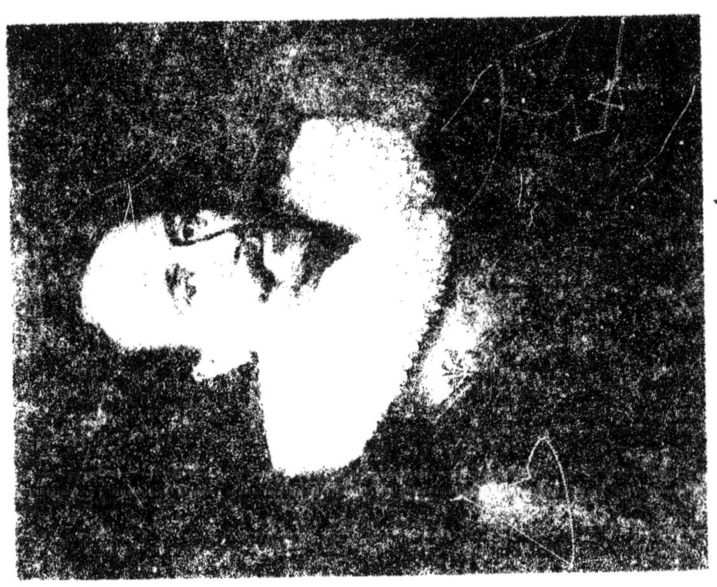

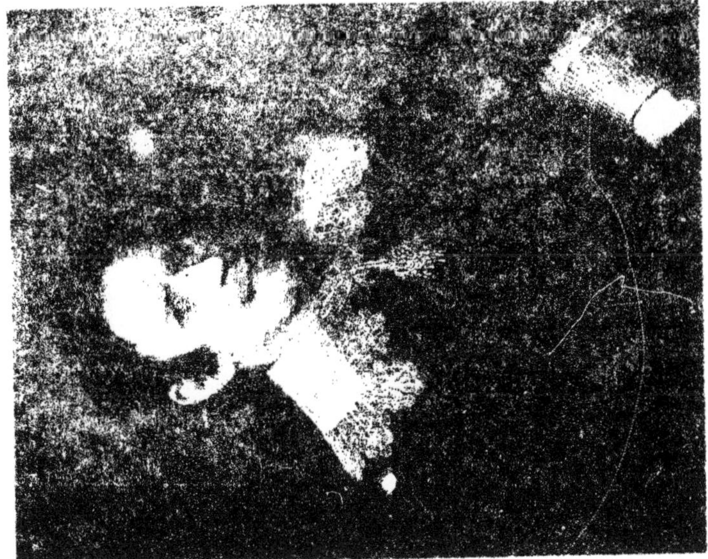

M. J. Mierevelt

N. Elias

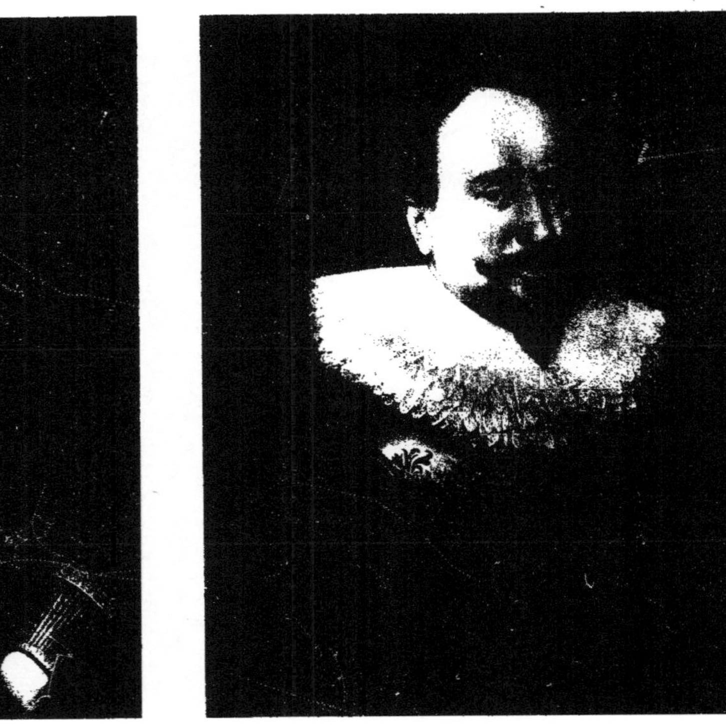

N° 30 – Portrait d'homme

1800

N° 31 – Portrait d'un gentilhomme

1500

HOOREMANS

(JEAN)

Anvers, 1682-1759.

60. — Le repas des villageois.

Toile. — Haut., 46 cent. ; larg., 60 cent.

HUET

(Attribué à JEAN-BAPTISTE)

61. — Pastorale.

Une jeune fille assise au premier plan, regarde deux colombes posées sur ses genoux.

Toile. — Haut., 40 cent. ; larg., 30 cent.

INGRES

(Attribué à)

62. — Portrait du maître.

En buste, la tête achevée et l'habit laissé à l'état de préparation.

On lit, à droite : Portrait de M. Ingres, par lui-même.

Toile. — Haut., 45 cent. ; larg., 37 cent.

JARDIN

(Attribué à KAREL DU)

63. — Un pâturage en Italie.

Des bœufs, des chèvres et des moutons sont au repos dans une prairie plantée d'arbres.

A gauche, une bergère trait une vache.

On lit, à droite, K. du J., 1651.

Toile. — Haut., 40 cent. ; larg., 46 cent.

JEAURAT DE BERTRY

(NICOLAS-HENRI)

École française, XVIIIe siècle.

64. — Portrait d'un jeune artiste.

Assis sur une chaise, en habit jaune rayé de rouge, il dessine sur un carton posé sur un pupitre.

Signé à droite.

Toile. — Haut., 62 cent.; larg., 53 cent.

LEFÈVRE

École française, XVIIIe siècle.

65. — Portrait d'un musicien.

Signé derrière la toile et daté 1756.

Toile. — Haut., 25 cent.; larg., 18 cent.

LEFÈVRE

École Française, XVIIIe siècle.

66. — Portrait d'un abbé.

Signé derrière la toile et daté 1758.

Toile. — Haut., 25 cent.; larg., 18 cent.

LE PRINCE

(Attribué à JEAN-BAPTISTE)

67. — Le harem.

Bois de forme ovale. — Haut., 27 cent.; larg., 33 cent.

MAITRE DES DEMI-FIGURES

(Attribué au)

68. — La femme au livre.

Une jeune femme blonde, les cheveux bouclés et nattés vêtue d'un corsage de velours noir décolleté à manches rouges garnies de fourrure, tenant de ses deux mains un livre d'heures entr'ouvert, est assise devant une table où l'on remarque un vase d'orfèvrerie.

Bois. — Haut., 41 cent. ; larg., 31 cent.

MAS

(Attribué à Nicolas)

69. — Vieille femme lisant.

Bois. — Haut., 43 cent. ; larg., 29 cent.

MIEREVELT

(MICHEL-JEAN)

Delft, 1567-1641.

70. — Portrait d'homme.

Tourné de trois quarts à droite, les cheveux pendant sur les oreilles, la barbe blonde, un poing sur la hanche, il porte un large col de guipure rabattu sur un pourpoint noir serré à la taille par une ceinture brodée d'or.

On lit à gauche et sur le fond, au-dessus d'une armoirie : Aet. 36. Anno 1629.

Bois. — Haut., 70 cent. ; larg., 60 cent.

MOLENAER

(JEAN-MIENSE)

Haarlem, 1610-1668.

71. — La prédication de Saint Jean.

Un grand nombre de personnages sont groupés à l'entrée d'un bois, écoutant la parole du saint. On remarque au centre une noble famille, dont le chef gentilhomme brillamment vêtu, se tient debout, une main sur la poitrine.

A gauche, un cours d'eau s'étend en perspective dans un site agreste animé de figures et de bateaux.

Importante composition signée en toutes lettres et datée 1646.

Bois. — Haut., 71 cent. ; larg., 98 cent.

NETSCHER

(CONSTANTIN)

La Haye, 1670-1722.

72. — Jeune femme dans un parc.

En robe de soie rose avec écharpe bleue, elle est assise sur un banc de pierre.

Toile. — Haut., 52 cent. ; larg., 42 cent.

Cadre en bois sculpté.

OSTADE

(Attribué à ADRIEN VAN)

73. — Intérieur de boucherie.

Un porc éventré est pendu par les pieds.

Bois. — Haut., 43 cent. ; larg., 32 cent.

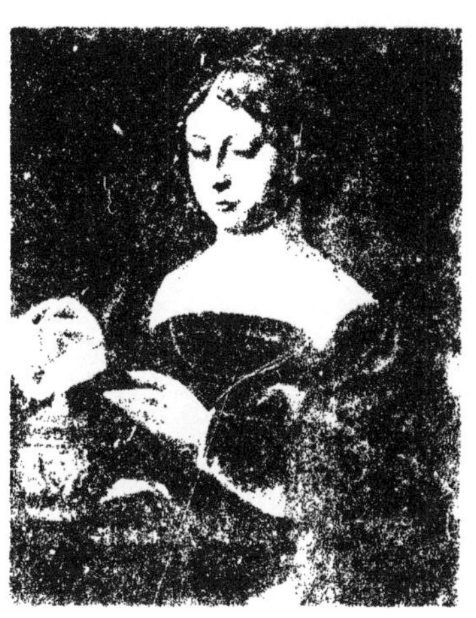

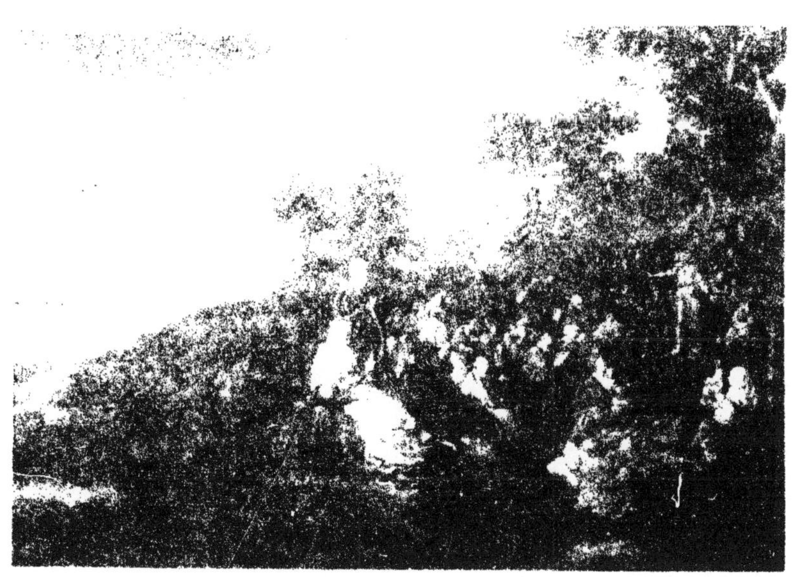

Le Maître des demi-figures

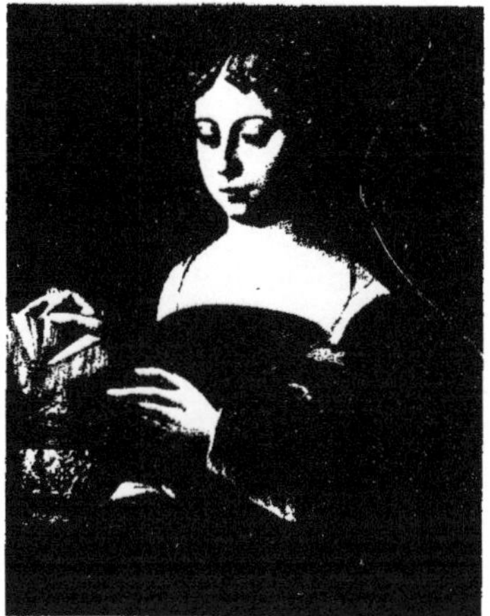

N° 62 La femme au livre 1500

J. M. Molenaer

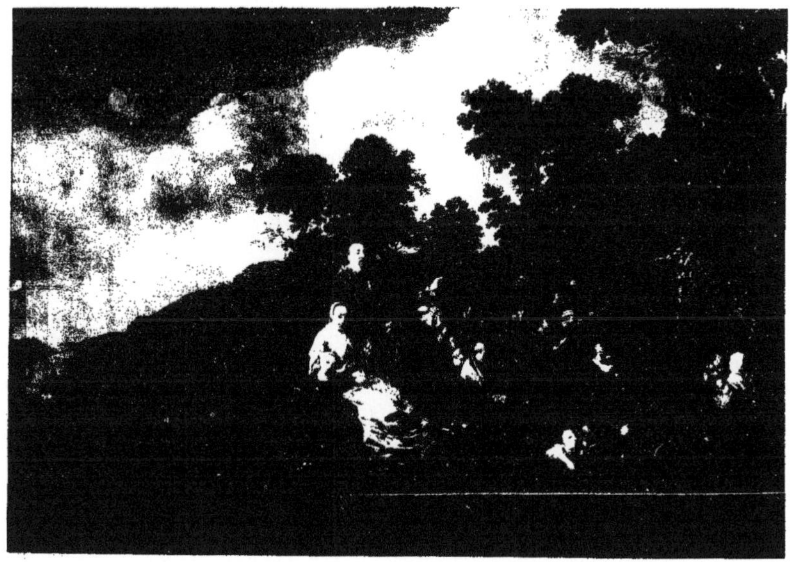

Kotier & Marotte

N° 71 La Prédication de S.t Jean

2000

OSTADE

(Attribué à Isaac Van)

74. — La consultation.

Un médecin en robe rouge examine devant une fenêtre le contenu d'un flacon.

Bois. — Haut., 33 cent. ; larg., 25 cent.

OSTADE

(Attribué à Isaac Van)

75. — Villageois au cabaret.

Bois. — Haut., 22 cent. ; larg., 33 cent.

PALAMÈDES

(Antoine)

Delft, 1601-1673.

76. — Portrait d'une dame de qualité.

Assise sur une chaise, vue jusqu'aux genoux, le visage souriant au spectateur, un béguin sur ses cheveux relevés, elle porte une robe noire à grand col et manchettes de lingerie rigide, et tient des gants blancs.

On lit à gauche sur le fond : Aet. 52. Anno 1658. Palamèdes pinxit.

Toile. — Haut., 82 cent. ; larg., 68 cent.

PALAMÈDES

(Antoine)

(Pendant du précédent.)

77. — Portrait d'homme.

Assis sur une chaise, il est vu jusqu'aux genoux, en habit noir.

On lit à gauche sur le fond : Aet. 52. Aº 1658. A. Palamèdes pt.

Toile. — Haut., 91 cent. ; larg., 67 cent.

POELENBURG

(CORNEILLE)

Utrecht, 1586-1667.

78. Nymphes au bord d'un cours d'eau.

Bois. — Haut., 21 cent. ; larg., 29 cent.

POURBUS

(École de)

79. — Portrait de femme en corsage rose.

Bois. — Haut., 45 cent. ; larg., 33 cent.

POURBUS

(École de)

80. — Portrait d'un jeune gentilhomme.

Vu jusqu'aux genoux en pourpoint et culotte rouge.

Daté 1603.

Bois. — Haut., 64 cent. ; larg., 48 cent.

SAINT-AUBIN

(Attribué à GABRIEL DE)

81. — Entrée du Jardin des Tuileries.

Toile marouflée sur bois. — Haut., 12 cent. ; larg., 22 cent.

SCHALKEN

(GODEFROID)

Made, 1643-1706.

(Deux pendants.)

82. — La lecture du banquier.

83. — Vieille femme se chauffant devant une cheminée.

Effets de lumière.

Bois. — Haut., 37 cent.; larg., 30 cent.

Cadres en bois sculptés.

TÉNIERS

(École de DAVID)

84. — Intérieur de boucherie.

On remarque sur une table de bois un monogramme et la date 1636.

Toile. — Haut., 82 cent.; larg., 66 cent.

TÉNIERS

(D'après DAVID)

85. — Un alchimiste.

Bois. — Haut., 21 cent.; larg., 17 cent.

TOURNIÈRES
(ROBERT)
Ifs, 1668-1752.

86. — Portrait d'homme.

Vu à mi-corps, en habit jaune, longue perruque poudrée, un manteau lie de vin drapé sur l'épaule, il fait un geste de la main droite.

Toile. — Haut., 40 cent.; larg., 30 cent.

VAN DYCK
(École d'ANTOINE)

87. — Portraits d'enfants.

Toile. — Haut., 78 cent.; larg., 64 cent.

VAN LOO
(Attribué à CARLE)

88. — Tête d'un magistrat.

Toile. — Haut., 34 cent.; larg., 30 cent.

WERF
(Le chevalier VAN DER)
Kralingen, 1665-1721.

89. — Portraits d'un prince et d'une princesse de Nassau.

Ils sont représentés en costumes allégoriques près d'un trône de marbre.

Bois. — Haut., 45 cent.; larg., 32 cent.

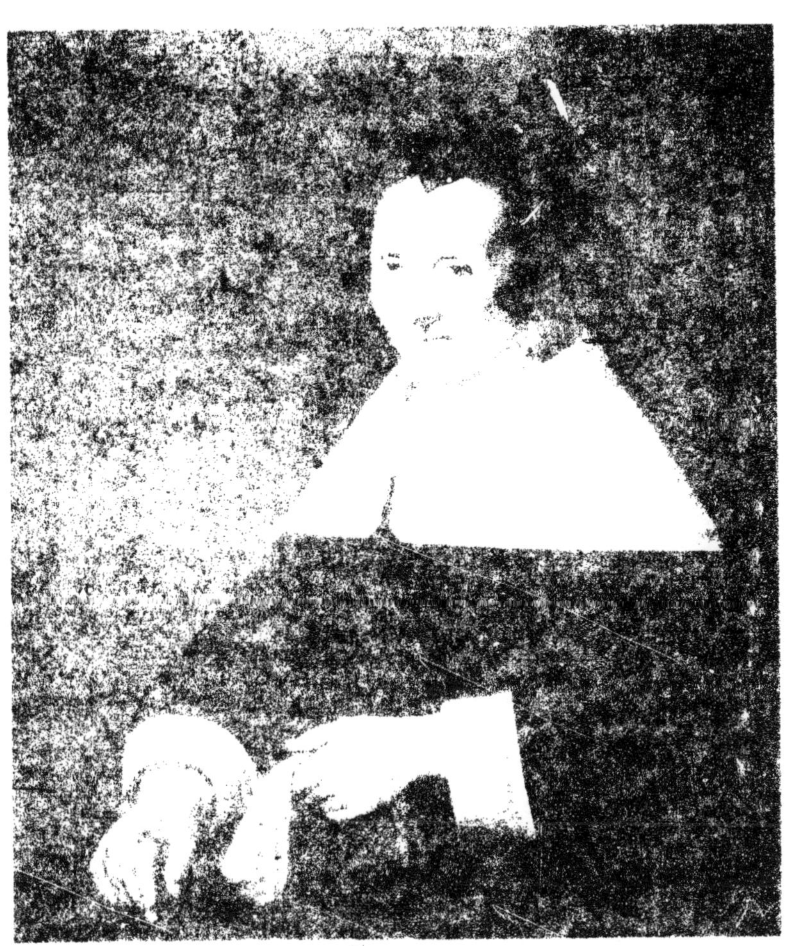

A. Palamèdes

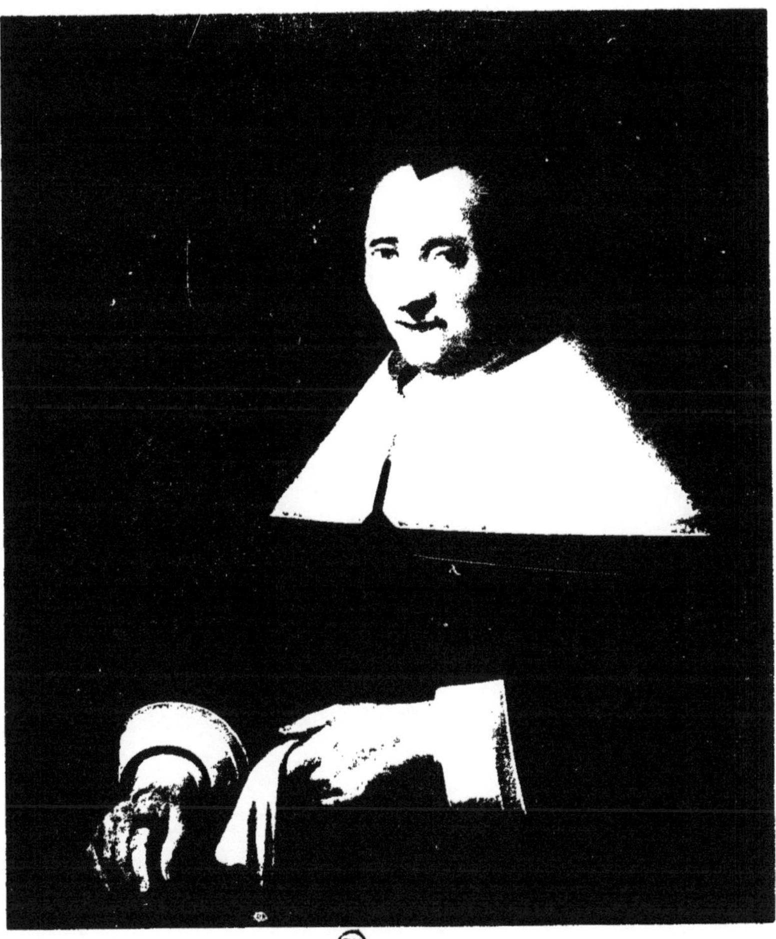

Kolier … Marotte.

N° 26 – Portrait d'une dame de qualité

1000

WET

(JACQUES DE)

École hollandaise, XVIIe siècle.

90. — Le marchand ambulant.

Composition à nombreux personnages.

Signé à gauche, sur un pont de pierre.

Bois. — Haut., 56 cent. ; larg., 73 cent.

WET

(JACQUES DE)

91. — La Nativité.

Signé à gauche.

Toile. — Haut., 59 cent. ; larg., 49 cent.

WYCK

(THOMAS)

Beverwyck, 1616-1677.

92. — Intérieur d'alchimiste.

Bois. — Haut., 40 cent. ; larg., 36 cent.

ZORG

(HENRI-MARTIN)

Rotterdam, 1621-1682.

93. — Intérieur flamand.

Au premier plan, un chat. Dans le fond, une porte ouverte sur la campagne.

Toile. — Haut., 42 cent. ; larg., 28 cent.

ÉCOLE ALLEMANDE

(XVIIe siècle)

94. — Le Christ aux outrages.

Bois. — Haut., 35 cent.; larg., 25 cent.

ÉCOLE BOLONAISE

(XVIIe siècle)

95. — Le Christ en croix.

Crucifix peint.

Bois. — Haut., 30 cent.; larg., 20 cent.

ÉCOLE DE COLOGNE

(XVIe siècle)

96. — La Vierge portant l'Enfant Jésus.

97. — Moine tenant une crosse.

Deux volets de triptyque dans le même cadre.

Chacun mesure : Haut., 39 cent.; larg., 20 cent.

ÉCOLE FLAMANDE

(XVIe siècle)

98. — Le Christ déposé de la croix.

Triptyque.

Sur le volet de droite, portraits de donatrices.
Sur le volet de gauche, portraits de donateurs

Bois. — Haut., 62 cent.; larg., 96 cent.

ÉCOLE FLAMANDE

(XVIIe siècle)

99. — Une fête publique.

Un bateau de jouteurs est amarré près d'un quai où sont réunis de nombreux personnages; les uns se livrent à différents jeux sous une galerie à arcades. A droite, des musiciens sur un tertre.

Toile. — Haut., 85 cent. ; larg., 118 cent.

ÉCOLE FLAMANDE

(XVIIe siècle)

100. — L'incendie.

Bois. — Haut., 22 cent. ; larg., 34 cent.

ÉCOLE FRANÇAISE

(XVIIIe siècle)

101. — Jeune femme accoudée sur une harpe.

Miniature de forme ovale. — Haut., 80 millim. ; larg., 65 millim.

ÉCOLE FRANÇAISE

(XVIIIe siècle)

102. — Jeune femme en buste.

Pastel de forme ovale. — Haut., 39 cent. ; larg., 31 cent.

ÉCOLE HOLLANDAISE

(XVIIᵉ siècle)

103. — Portrait d'homme.

Accoudé sur une table couverte d'un tapis rouge.

Toile. — Haut., 80 cent. ; larg., 63 cent.

ÉCOLE ITALIENNE

(XVIIᵉ siècle)

104 — 105 — 106. — Scènes de légendes.

Trois peintures sur ardoises. — Haut., 48 cent. ; larg., 50 cent.

MODERNE IMPRIMERIE

www.ingramcontent.com/pod-product-compliance
Ingram Content Group UK Ltd.
Pitfield, Milton Keynes, MK11 3LW, UK
UKHW022059170726
13837UKWH00003B/1004